NEW YORK

travel notebook

travel notebook series

BARCELONA
BERLIN
CAIRO
COPENHAGEN
DELHI
DUBAI
DUBLIN
HONG KONG
LONDON
LOS ANGELES
MONTREAL
MOSCOW
NEW YORK
PARIS
ROME
SAN FRANCISCO
SHANGHAI
SYDNEY
TOKYO
WARSAW

and more...

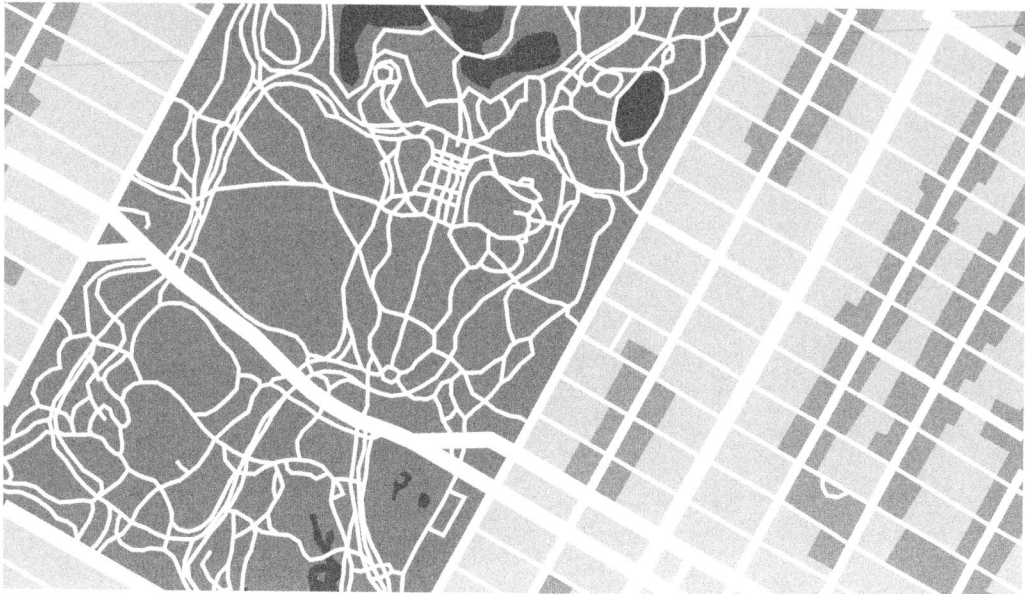

travel to
NEW YORK

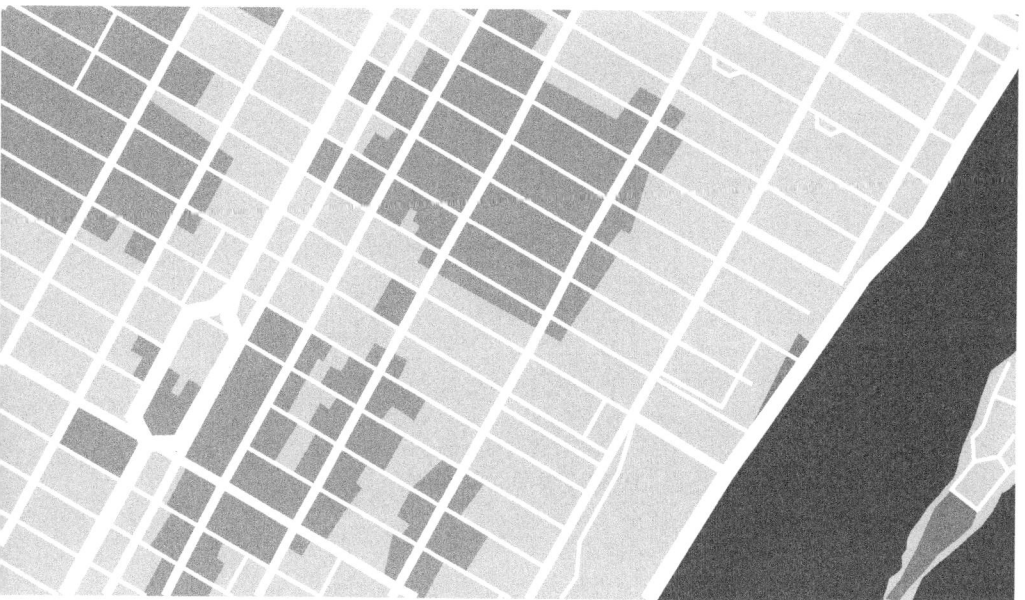

monthly planner

budget planner

📁 ....

✏️ .... 💲 ....

....

....

....

....

....

....

💵 ....

📁 ....

✏️ .... 💲 ....

....

....

....

....

....

....

💵 ....

flight details

✈ ....

....

....

....

✈ ....

....

....

....

time converter

packing list

shopping list

- [ ] ....
- [ ] ....
- [ ] ....
- [ ] ....
- [ ] ....
- [ ] ....
- [ ] ....
- [ ] ....
- [ ] ....
- [ ] ....
- [ ] ....
- [ ] ....
- [ ] ....
- [ ] ....
- [ ] ....
- [ ] ....
- [ ] ....
- [ ] ....
- [ ] ....

day plan

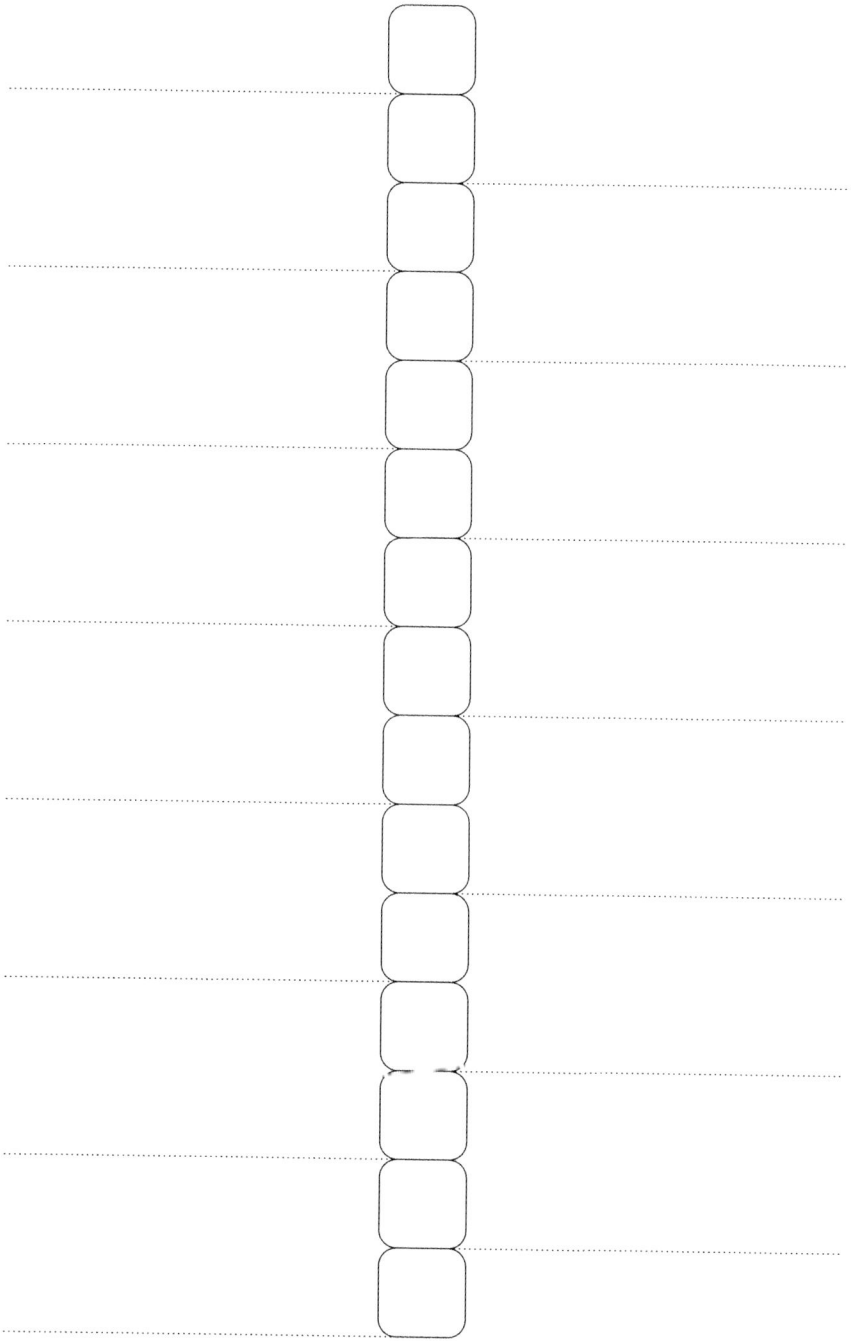

daily planner

📅 ....

🕐 .... ✏️ ....

....

....

....

....

....

....

....

....

📷

15

20

23

📅 ....

🕐 .... ✏️ ....

....

....

....

....

....

....

....

....

📷

📅 ....

🕐 .... ✏️ ....

....

....

....

....

....

....

....

....

📷

📅 ....

🕐 .... ✏️ ....

....

....

....

....

....

....

....

....

....

📷

places of interest

📍 ....

....

....

📅 ....

🕐 ....

⭐ ⭐ ⭐ ⭐ ⭐

💲 ....

🚶 ....

🚗 ....

🚆 ....

✈️ ....

📍 ....

✏️ ....

....

....

....

....

📷

📍 ....

📅 ....

🕐 ....

....

⭐⭐⭐⭐⭐

💲 ....

🚶 ....

🚗 ....

🚆 ....

✈️ ....

🗺️ ....

✏️ ....

....

....

....

....

📷

📍 .... 📅 ....

.... 🕐 ....

....

☆☆☆☆☆

💲 .... 🚶 ....

.... 🚗 ....

.... 🚆 ....

.... ✈️ ....

....  ....

✏️ ....

....

....

....

....

📷

📍 .... 📅 ....

🕐 ....

⭐ ⭐ ⭐ ⭐ ⭐

💲 .... 🚶 ....

🚌 ....

🚆 ....

✈️ ....

📍 ....

✏️ ....

....

....

....

....

📷

📍 .... 📅 ....

🕐 ....

⭐ ⭐ ⭐ ⭐ ⭐

💲 .... 🚶 ....

🚗 ....

🚆 ....

✈️ ....

🗺️ ....

✏️ ....

....

....

....

....

📷

📍 ....

....

....

📅 ....

🕐 ....

☆☆☆☆☆

💲 ....

....

....

....

....

🚶 ....

🚗 ....

🚆 ....

✈ ....

....

✏ ....

....

....

....

....

📷

📍 ....

....

....

📅 ....

🕐 ....

⭐⭐⭐⭐⭐

💲 ....

....

....

....

....

🚶 ....

🚗 ....

🚆 ....

✈️ ....

 ....

✏️ ....

....

....

....

....

📷

📍 ....

....

....

📅 ....

🕐 ....

⭐ ⭐ ⭐ ⭐ ⭐

💲 ....

....

....

....

....

🚶 ....

🚗 ....

🚆 ....

✈️ ....

📍 ....

✏️ ....

....

....

....

....

📷

53

📍 ....

....

....

📅 ....

🕐 ....

⭐ ⭐ ⭐ ⭐ ⭐

💲 ....

....

....

....

....

🚶 ....

🚌 ....

🚆 ....

✈ ....

📍 ....

✏ ....

....

....

....

....

📷

☆ ☆ ☆ ☆ ☆

55

📍 .... 📅 ....

.... 🕐 ....

.... ☆ ☆ ☆ ☆ ☆

💲 .... 🚶 ....

.... 🚗 ....

.... 🚆 ....

.... ✈️ ....

....  ....

✏️ ....

....

....

....

....

📷

57

📍 ....

📅 ....

🕐 ....

⭐ ⭐ ⭐ ⭐ ⭐

💲 ....

🚶 ....

🚕 ....

🚆 ....

✈️ ....

📍 ....

✏️ ....

....

....

....

....

📷

58

📍 ....

📅 ....

....

🕐 ....

....

⭐ ⭐ ⭐ ⭐ ⭐

💲 ....

🚶 ....

🚗 ....

....

🚆 ....

....

✈️ ....

....

📍 ....

....

✏️ ....

....

....

....

....

📷

📍 ....

📅 ....

....

🕐 ....

....

⭐⭐⭐⭐⭐

💲 ....

🚶 ....

....

🚗 ....

....

🚆 ....

....

✈️ ....

....

📍 ....

✏️ ....

....

....

....

....

📷

📍 .... 📅 ....

.... 🕐 ....

.... ⭐⭐⭐⭐⭐

💲 .... 🚶 ....

.... 🚗 ....

.... 🚆 ....

.... ✈️ ....

.... 📍 ....

✏️ ....

....

....

....

....

📷

souvenir list

contacts

notes

Printed in Great Britain
by Amazon